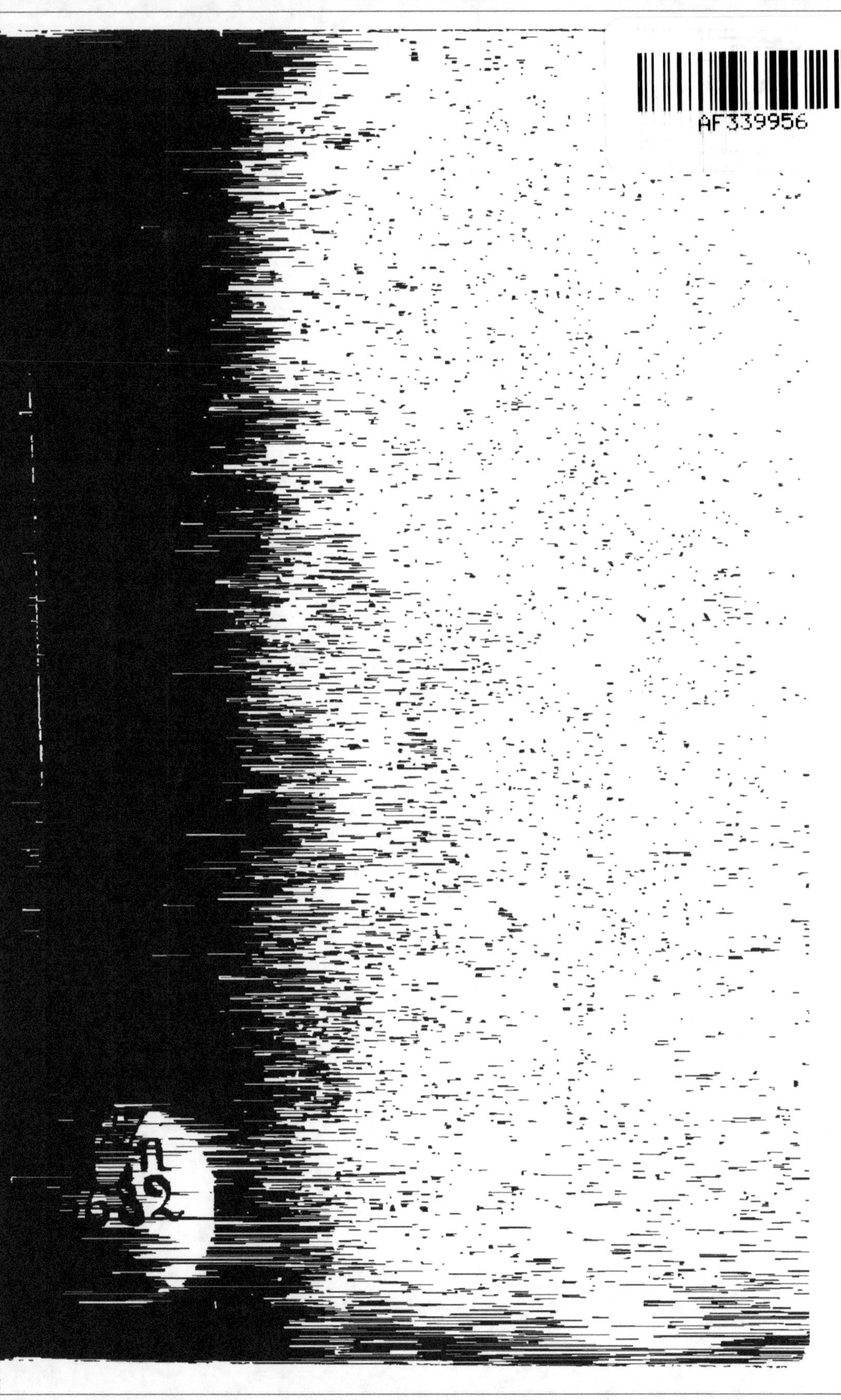
AF339956

TROPMANN

ou

LES CRIMES DE PANTIN ET DE SOULZ

8 VICTIMES

l'arrestation de l'accusé, [illegible]
[illegible] avec les victimes, etc.

[illegible] véritable et authentique
[illegible] cette terrible affaire, [illegible]
[illegible] sa condamnation
et son [illegible].

LE
CRIME DE PANTIN

Découverte des cadavres de madame Kınck et des cinq enfants. (p.

TROPPMANN

OU

LES CRIMES DE PANTIN ET DE SOULZ

HUIT VICTIMES !

Détails navrants, révélations de l'accusé, tentative d'évasion,
sa confrontation avec les victimes, etc.

SUIVIS DE

LA SEULE VÉRITABLE ET AUTHENTIQUE COMPLAINTE
sur cette horrible affaire,

Terminé par son jugement et son exécution.

Par H. C. et J. C.

Découverte du cadavre du père KINCK (p. 23).

PARIS

LE BAILLY, ÉDITEUR
Rue Cardinale, 6.

LE CRIME DE PANTIN

(AFFAIRE TROPPMANN)

Il est de ces forfaits devant lesquels l'imagination recule épouvantée et se refuse à croire; celui dont nous avons la triste mission d'entretenir nos lecteurs est de ceux-là.

Paris, la ville immense, ce monde à lui tout seul, avait oublié les affreuses histoires des Lacenaire, des Dumollard, des Philippe, quand tou. à coup, au milieu de la bienheureuse quiétude de ses habitants, un mot horrible se fit entendre : Le *crime de Pantin !*

Le mardi 21 septembre 1869, un bruit confus et prenant des proportions à mesure qu'il passait de bouche en bouche, se répandit dans Paris. On parlait vaguement d'une horrible découverte; six victimes assassinées dans un coin obscur de la banlieue, des détails inouïs, des faits grossissant à chaque instant; bref la terreur, l'épouvante, guidant les uns, poussant les autres, chacun se dirigeait vers Pantin, le lieu du crime, et voilà ce que l'on apprenait.

La veille de ce jour néfaste, un paysan se disposait à herser son champ, situé sur le territoire de la commune de Pantin, à peu près à une égale distance du fort d'Aubervilliers et de la gare de Pantin.

Cahin caha le brave homme suivait paisiblement le sentier nommé *le Chemin vert*, quand tout à coup, sur un petit terrain vague, il aperçoit des traces humides, dont sans s'en rendre compte à lui-même, il observa curieusement les sinuosités. Bientôt un attrait fatal, irrésistible le pousse, l'entraîne. Il entre dans le champ, une plaque, deux plaques, trois, quatre, cinq, et puis une plus grande et puis presque une mare, et le brave homme plonge sa main dans le liquide inconnu... et la retire pleine de sang. Horreur ! c'était du sang, et au milieu d'une des plaques nageait un morceau de cervelle, et puis du sang encore ! toujours ! et l'homme épouvanté allait s'enfuir quand une force qu'il ne peut vaincre le cloue à cette place. Son œil effaré découvre un espace fraîchement remué parmi les sillons ; une loque blanche frappe son regard, il la tire à lui ; le morceau d'étoffe résiste, il tire plus fort, et alors, oh ! alors un bras sort de dessous la terre

fraîche remuée et retient un mouchoir ensan-
glanté, la loque que le paysan tirait à lui. C'est
à ce moment qu'affollé par la peur et sans savoir
même où il allait, il s'enfuit en hurlant jusqu'au
village de Pantin.

Deux heures plus tard, le commissaire de police assisté du docteur Lugagne, médecin à Pantin,
arrivait sur les lieux.

Déjà une foule immense avait eu le temps de
se réunir et tous, sans oser y toucher, contem-
plaient d'un œil avide cette terre humide de sang
et semblaient lui demander son secret.

Une homme de bonne volonté se présenta et
d'un premier coup mit à découvert le cadavre
d'un enfant de sept ans environ, horriblement
mutilé.

Pendant qu'on fait les constatations médi-
cales on aperçoit un deuxième cadavre, c'est celui
d'un enfant de quatorze ans, celui-ci porte à la
tête trois plaies larges et profondes assez semblables à celles du premier cadavre.

Un nouveau coup de bêche laisse apercevoir
le corps d'une petite fille ! Des larmes roulent
dans tous les yeux et l'anxiété est peinte sur tous
les visages. L'enfant doit avoir quatre ans au plus;
elle est vêtue d'une petite robe bleue et d'un ju-
pon blanc, les bas blancs parfaitement tirés por-
tent des traces sanglantes et un waterproof cache
l'ensemble des vêtements.

On recherche les causes de la mort ; quatre à cinq légers coups de couteau sur la figure et le cou ne peuvent l'avoir donnée. Le médecin relève la petite robe !... Horreur ! deux larges plaies béantes au bas du ventre laissent échapper un sang frais et rose, tandis que par une autre ouverture les intestins se sont fait un sinistre passage.

Encore un quatrième cadavre, et au moment de sa découverte, deux femmes se trouvèrent mal dans la foule.

Pâles d'épouvante et de dégoût, le commissaire et le médecin continuent leur horrible besogne.

Ce quatrième cadavre est celui d'une femme de trente-cinq ans environ, vêtue proprement et avec goût. Le fossoyeur volontaire prêt à succomber lui-même sous son horrible tâche, s'écrie d'une voix mal affermie : Il n'y en a plus ? Si fait, réplique un des assistants, il y en a encore un, ce doit être un garçon, voyez sa casquette. Et en effet une casquette de collégien avec un galon d'or gisait parmi les décombres, et de cette fosse inépuisable on retire un jeune garçon de onze ans, littéralement haché.

Enfin tout est fini !

Eh bien non, tout n'était pas fini ! un soldat retire encore de l'horrible fosse le cadavre d'un jeune homme de seize ans. Ce dernier cadavre, car enfin c'est le dernier, est aussi horriblement mutilé que les autres, et de plus il est étranglé par un mouchoir serré fortement autour de son cou.

Il est impossible de décrire l'horreur, le dégoût des spectateurs de cette horrible scène.

Ces six cadavres étendus sur la terre humide et qu'un jour terne et brumeux éclairait d'une lueur blafarde, cette fosse béante d'où l'on voyait à chaque instant sortir un nouveau cadavre, le magistrat, le médecin, le fossoyeur improvisé, les soldats contenant à grand peine la foule, tout ce monde-là, pâle, prêt à s'affaisser sous une nouvelle émotion, laissera un souvenir ineffaçable à ceux qui ont eu le malheur d'assister à cette épouvantable scène.

Environ huit jours avant les faits que nous venons de raconter un jeune homme paraissant âgé d'une vingtaine d'années, vêtu très-proprement et, du reste, ayant des manières assez distinguées, se présenta à l'hôtel du chemin de fer du Nord, chez M. Rigny, 12, boulevard Denain, presqu'en face la gare.

—Je me nomme *Jean Kinck*, dit-il, je suis mécanicien à Roubaix. Je désirerais une chambre pour me reposer quelques instants pendant la journée, car je viens à Paris pour exécuter un travail que je ne puis faire que de nuit.

Le jour même, le prétendu Jean Kinck était installé dans la chambre portant le nº 24 de l'hôtel, et en effet, ainsi qu'il l'avait annoncé, chaque jour il y venait passer quelques heures, et repartait pour n'y revenir que le lendemain matin ; il payait sa dépense chaque jour, fort minime du reste, et prenait au bureau les lettres qui lui arrivaient de Roubaix, lettres assez nombreuses et portant toutes cette mention : *Faire suivre.*

Le dimanche, vers six heures du soir, une dame avec cinq enfants se présenta au bureau de l'hôtel et demanda Jean Kinck ; on lui répondit qu'il était absent. Cette dame parut assez contrariée, mais néanmoins elle laissa ses bagages à l'hôtel et dit qu'elle allait promener ses enfants.

— Du reste, dit-elle, c'est un peu ma faute, j'arrive deux heures en avance.

Deux heures après elle revint et ayant cherché inutilement Jean Kinck au restaurant, elle loua deux chambres pour elle et ses enfants, et comme on engageait cette dame à prendre quelque nourriture, elle refusa, alléguant qu'elle avait peur que ce soit trop cher, et puis, ajouta-elle, *je pense bien que l'on va me mener dîner.* Elle appela ses enfants qui jouaient gaiement dans le vestibule et sortit annonçant son retour prochain. On ne les revit plus.

A peu près à la même heure, *un jeune homme,*

paraissant âgé d'une vingtaine d'années, vêtu très-
proprement et ayant des manières assez distin-
guées, entrait chez un taillandier de la rue de
Flandre, à la Villette, chez le sieur *Bellanger* et
demandait à acheter une pelle et une pioche.

On lui en montra quelques-unes, il choisit les
plus légères. J'ai, dit-il, acheté un jardin à Aubervilliers et comme la terre est molle elles seront
certes bien suffisantes. Il paya le tout 8 fr. 50 c.; et,
laissant les deux objets : « J'ai quelques courses à
faire et je les prendrai plus tard. » En effet, vers
huit heures, il revint, prit le tout et s'en alla, en se
dirigeant du côté de la barrière.

Trois jours après les faits que nous venons de
raconter, la ville du Hâvre était mise en émoi à
son tour par une de ces scènes qui ont le pouvoir de révolutionner en quelque sorte une petite
ville de province.

Dans la rue Royale est une auberge assez mal
famée, tenue par le sieur *Mangenau* et qui, d'or-
dinaire, sert de refuge à des marins déserteurs de
tous les pays.

Vers midi, le gendarme Ferrand, en ronde ma-
ritime, entrait dans l'établissement et d'un coup
d'œil exercé vit, assis à une table placée dans le
coin le plus obscur de la maison, un consomma-
teur, qui certes était complétement dépaysé dans
l'endroit.

C'était un jeune homme, paraissant âgé d'une

vingtaine d'années, vêtu très-proprement et ayant des manières assez distinguées. Le gendarme s'approchant vivement, lui demanda ses papiers ; celui-ci, devenant fort pâle, répondit qu'il était étranger.— Raison de plus, répliqua le gendarme. — Je ne savais pas qu'il fallait des papiers pour voyager en France. — Alors, poursuivit l'agent, je vais être forcé de vous arrêter. A ces mots le jeune homme se leva brusquement, son œil lança un éclair comme s'il eut voulu résister, mais ce fut tout. Malgré la teinte cadavérique qui envahissait son visage, ce fut d'une voix presque affermie qu'il demanda au gendarme où il prétendait le conduire.—Chez le procureur impérial. — Allons et comme vous voudrez ! Alors Ferrand le prit par le bras et ils partirent ensemble.

Le gendarme l'emmène par le quai des Casernes et le pont de Lamblardie; arrivés sur le quai de la Carène, le jeune homme, profitant d'un léger encombrement de voitures, échappe à l'étreinte du gendarme et se sauve; celui-ci le poursuit en criant; les passants étonnés s'arrêtent et forment ainsi obstacle à la fuite de l'individu qui retourne en arrière, mais là Ferrand arrive ressaisir sa proie ; déjà la foule se dispose à prêter main forte à l'autorité; alors le misérable perd la tête, enjambe le parapet, saute sur un radeau, mais là se trouve en face de marins qui vont l'arrêter; il échappe à leurs mains menaçantes et disparaît à tous les yeux en se précipitant dans la mer.

C'est alorsque, secondant les desseins mysté-
rieux de la Providence, le calfat Haugel s'élance
derrière lui, le saisit au moment où il revenait
sur l'eau ; mais celui-ci résiste à son sauveteur,
lui prend les jambes et veut l'entraîner avec
lui, mais Haugel se débarrasse vigoureusement de
son étreinte ; à son tour l'envoie rouler au fond,
et au moment où, épuisé par la lutte, le jeune
homme remonte à la surface, pour la dernière
fois peut-etre, le calfat le saisit par les cheveux,
l'attire à lui et d'une seule main, nageant vigoureusement jusqu'à la plage, le dépose évanoui,
mais vivant encore, sur le quai, aux applaudis-
sements frénétiques de toute une foule immense
qui avait suivi avidement toutes les péripéties
de ce drame émouvant.

Transporté au poste de sûreté il reçut les premier soins de la part de M. Ebran, pharmacien, et
pendant qu'on le déshabillait, on trouva sur lui,
entre sa chemise et sa peau, les papiers suivants :

1º Acte de vente d'une maison, sise à Roubaix,
pour une somme de 8,000 francs, par M. Cocheteux,
à M. Kinck-Rousselle, au 31 janvier 1861, en l'é-
tude de M. Deledicque, notaire à Lille ;

2º Obligations par M. et madame Kinck-Rousselle, à demoiselle Canel et consorts du 20 avril
1861, même étude ;

3º Vente de maisons par M. et madame Coche-

teux-Ostergek, à M. et madame Kinck-Rousselle,
17 et 20 avril 1861, même étude ;

4° Adjudication d'une maison, sise à Roubaix,
au profit de M. Kinck, de Roubaix, 30 juillet 1857 ;

5° Une quittance de main-levée de M. Vander-
Holle à M. Kinck, en date du 18 novembre 1863 ;

6° Un dossier contenant douze extraits du re-
gistre des priviléges et hypothèques de Lille ;

7° Un portefeuille contenant un certain nombre
de lettres particulières et divers papiers ;

8° Un porte-monnaie en maroquin avec garni-
ture en cuivre, trouvé dans ses poches, contenant
cinq francs cinquante centimes en monnaie d'argent, plus cinquante centimes en billon ;

9° Une ceinture de cuir, vide ;

10° Un foulard de soie contenant 210 francs en
pièces de cinq francs en argent et 170 francs en
sous ;

11° Une montre en or, à cylindre à huit rubis,
portant les numéros 40,730 et 7,791, avec chaîne
et clef du même métal ;

12° Une montre savonnette en argent, tenue
par un cordon de cuir, et portant les numéros
47,440. et 43 ;

13° Un petit peigne ;

14° Un petit médaillon à secret,

15° Un couteau-canif à manche blanc, presque
neuf, garni de trois lames, dont la principale est
tout ébréchée. »

Le prisonnier fut immédiatement transporté à l'hôpital civil et là, interné dans la salle Sainte-Gabrielle, il reçut tous les soins que réclamait sa position ; quand il fut un peu remis de son étrange aventure, on voulut l'interroger, mais sur tout ce qui concernait son identité il se renferma dans le plus absolu mutisme.

Cependant les juges devant les nombreux papiers dont il était muni ne crurent pas devoir hésiter en appliquant à cet homme le nom qui semblait d'une probabilité évidente, celui de *Jean Kinck, de Roubaix* et le lendemain le parquet de Paris recevait cette dépêche télégraphique : « Nous avons arrêté et nous mettons à votre disposition *Jean Kinck,* l'assassin présumé des victimes de Pantin. »

Le coupable était donc entre les mains de la justice, il cachait encore son nom ; mais, vain espoir la vérité devait grande et forte, se montrer au jour et guider la justice dans sa redoutable mission.

Pressé de questions et mis à bout par les incessantes sollicitations de M. le juge d'instruction du Havre, de M. *Tourni,* commissaire-central, et de M. l'adjudant de police *Laillet,* le misérable laissa échapper son secret et déclara s'appeler *Jean-Baptiste Troppmann,* natif de Cernay. Enfin !!!

Le monstre qui avait commis l'horrible forfait

dont nous avons entretenu nos lecteurs non-seulement était enfin découvert, mais encore il était entre les mains de la justice humaine, en attendant que la justice de Dieu à son tour, lui demande un terrible compte de la manière dont il a employé les facultés que le Seigneur lui a données. Oui, c'était lui qui avait proposé et accompli cette infâme tragédie, qu'il avait osé méditer dans son infernal cerveau, c'est lui qui, pour s'enrichir (d'une manière au moins douteuse), n'avait pas craint de se baigner littéralement dans le sang de ses victimes.

En effet, qui pourrait douter de l'intervention divine de la Providence, devant les événements qui se succédèrent avec rapidité et ne permirent pas plus longtemps aux magistrats de s'égarer dans leurs recherches ?

Pendant que Tropmann était arrêté au Havre, un nouvel épisode de cet horrible histoire s'accomplissait encore au *champ Langlois*, surnommé ainsi depuis : le champ du crime.

Le 26 septembre, vers onze heures du matin, le bruit se répandit à Pantin que l'on venait de trouver, sur le champ du crime, une hachette ensanglantée.

Poussée par une invincible curiosité, la foule se porte, immense, vers l'endroit désigné.

Les premières recherches mettent au jour une *pelle* enfouie à une profondeur d'environ 10 centimètres, et bientôt avec une fébrile ardeur, toute la multitude se met à rechercher de tous côtés et comme ayant l'intuition de ce qui devait arriver.

Un certain M. Hughes, faisant comme tout le monde, aperçoit par terre un morceau de drap: machinalement il se baisse, tire à lui, le morceau résiste, il tire plus fort et soulève la terre autour, il appelle, on l'aide et l'on aperçoit qu'il y a un cadavre en cet endroit. Plusieurs soldats accourent pour prêter main-forte au jardinier, la foule qui devient de plus en plus compacte, mais cependant sans gêner les travailleurs, se presse autour d'eux et en quelques instants la fosse était déblayée. Pouah ! un vol immense de mouches bourdonnantes s'échappent, noires et empoisonnées, d'un cadavre en putréfaction, qu'elles étaient en train de dévorer.

Les sieurs Michalette et Jacquot allèrent précipitamment prévenir les commissaires de police de Pantin et d'Aubervilliers, qui arrivèrent à la hâte, accompagnés de M. Lacagne qui déjà avait assisté aux dernières constatations. Le corps d'un malheureux jeune homme était étendu sur le ventre dans une fosse de plus de cinquante centimètres de profondeur.

Sur l'ordre des magistrats on le retourna de l'autre côté et le spectacle inattendu qui s'offri t aux regards terrifia tous les assistants.

C'était horrible à voir.

Le cadavre retourné et enlevé, on trouva planté dans sa gorge un couteau de cuisine, affreux, énorme, dont le manche adhérait à la chair et dont la lame disparaissait entièrement dans l'affreuse blessure qu'elle avait faite. Le malheureux enfant, âgé d'une vingtaine d'années, après avoir été lavé et un peu nettoyé par le docteur Lacagne fût reconnu pour être évidemment Gustave Kinck, le fils aîné de la malheureuse famille Kinck.

D'une taille d'environ 1 mètre 70 centimètres, il était coiffé d'une casquette de soie noire et portait une jaquette gris foncé, un pantalon de couleur sombre, à bande noire et un gilet d'étoffe pareille, avec des boutons en verre; il avait des chaussettes en laine et un tricot de laine blanche, identiquement semblables aux objets de même nature, trouvés sur les autres victimes.

La fosse où l'on a découvert l'infortuné se trouvait à 40 mètres de la première, qui était large seulement de 2 mètres et profonde, ainsi que nous le disions en commençant, de 50 centimètres tout au plus.

Avant que la foule ne fut complétement rassasiée de cet affreux spectacle, sur l'ordre des deux commissaires de police, on recouvrit le corps de Gustave Kinck; on chargea les restes de cet infortuné sur une charrette que l'on dirigea

vers la Morgue où nous allons conduire nos lecteurs.

Immédiatement après le reçu de la dépêche
citée plus haut page 15, M. Claude, chef de la police de sûreté, délégué par M. le juge d'instruction,
s'était rendu au Havre et là s'était fait remettre
le meurtrier en vertu des pleins pouvoirs dont il
était muni.

Malgré le secret dont on s'entoure en pareil cas,
une foule immense semblait s'être donné rendez-
vous à la gare. On a constaté qu'il était venu des
gens de Dieppe, de Rouen, de Trouville, d'Etretat,
etc., etc., en un mot de tous les pays des alen-
tours, près ou loin ; tous avaient quitté leurs tra-
vaux journaliers dans l'espérance de contempler
ce sinistre criminel.

A grand peine M. Claude et son prisonnier pu-
rent-ils atteindre la gare ; à chaque instant ils sont
arrêtés et, malgré l'escorte qui entourait leur voiture, ce fut presque un miracle qu'ils aient pu arriver sans accident.

Enfin, ils sont en wagon ; la machine siffle, se
met en marche et en route pour Paris.

A Paris, ce fut bien pis encore.

Il est impossible de décrire la scène qui eut
lieu à l'arrivée de l'assassin, mais ce fut vérita-
blement là que l'on put se rendre compte de l'ir-
ritation que la vue du crime produit sur le peu-

ple en général. Oui ! à ce moment suprême le misérable dut invoquer la providence, ce Dieu qu'il avait tant oublié, car il devait bien comprendre les menaces de la foule, il devait bien voir ces mains menaçantes dirigées vers lui et malgré les assurances que s'efforçaient de lui donner ses compagnons, il voyait bien que ceux-ci étaient pâles, non de terreur, mais d'anxiété, il devinait bien qu'un accident, le plus minime, à la voiture, un cheval qui serait tombé, un obstacle qu'on ne puisse franchir de suite, et mille tenailles humaines se seraient allongées vers lui, l'auraient saisi, étreint, et la colère du peuple eût peut-être servi la justice de Dieu.

Mais il en fut quitte cette fois pour la peur. On se fit jour à travers le monde et, à certain moment, le cocher profitant d'une éclaircie fouetta vigoureusement ses chevaux et le chef de la police put enfin remettre son prisonnier aux mains de M. le juge d'instruction, M. Drouet Darcq, chargé d'instruire cette triste affaire.

Le premier soin de ce magistrat fut de faire conduire Troppmann à la Morgue, afin de le confronter avec ses victimes. Le jour même donc, à cinq heures précises, la voiture de M. Claude entra dans la cour de la Morgue.

La foule, avertie de l'arrivée de l'assassin par la présence d'une certaine quantité de sergents de ville et d'agents en bourgeois, à la sortie du côté de la rive gauche, la circulation faillit être interdite, et, vers cinq heures et demie, devant la foule croissante, on prit le parti d'arrêter les voitures, afin que celles qui conduisaient Troppmann et ses gardiens pussent librement passer en sortant.

Au Havre comme à Paris, le misérable avait tenu son mouchoir sur sa figure afin de dérober ses traits à la foule, qui semblait vivement l'impressionner ; mais en face des magistrats il reprit son aplomb, et ce fut de l'air le plus froid qu'il contempla les victimes de sa férocité. Il les désigna du doigt : *Ça*, dit-il, c'est madame Kinck ; *ça* c'est Henri ; *ça* c'est Émile, et ainsi de suite jusqu'au dernier, et de l'air le plus dégagé possible ; on eût dit qu'il faisait l'énumération des choses les plus naturelles du monde auxquelles, du reste, il eût été parfaitement étranger.

Pressé de questions par les magistrats, il avoue avoir tué madame Kinck et ses enfants, mais de complicité avec Jean Kinck et son fils Gustave. Il reconnaît avoir acheté les instruments qui avaient servi à perpétrer le crime, mais en ce sens encore qu'il ne faisait que d'obéir. Enfin, entassant mensonges sur mensonges, ruses sur ruses, il crut pouvoir tromper les hommes au moins sur une partie de son exécrable forfait.

Amère dérision du sort ! le lendemain on venait

rechercher le coupable à Mazas, où il était renfermé, et on le mit en face du cadavre de Gustave Kinck, dont nous avons plus haut raconté la découverte.

Devant ce cadavre, présenté brusquement à sa vue, Troppmann perdit un peu de son assurance. Il balbutia à peine quelques mots de justification, mais vain espoir !Pressé de tous côtés, accablé de questions, de dilemmes, de preuves accablantes, il promet enfin de dire la vérité tout entière.

On le reconduisit à Mazas ; là il avoua avoir assassiné le fils Kinck, mais de concert avec son père.

Puis, le lendemain il se rétracta et dit que tout ce qu'il avait dit était faux, qu'il était innocent. Bref, il déclara qu'il voulait se laisser mourir de faim.

Tout cela n'était, comme nos lecteurs peuvent s'en douter, qu'un moyen de gagner du temps. *Les assassins n'ont pas même le courage de la lâcheté*, et on cite peu d'exemples de criminels qui aient préféré le suicide à l'exécution capitale, juste châtiment de leurs crimes ; et certes Troppmann, moins que tout autre, eut recours à cette extrémité.

Vers le commencement d'octobre il commença donc à entrer dans la voie des aveux définitifs.

1 avoue avoir non-seulement assassiné les sept

premières victimes, mais encore Jean Kinck aurait également succombé sous ses horribles coups.

Muni des instructions les plus détaillées, M. Souvré partit pour Soulz, canton de Belfort et, après quelques recherches infructueuses, sur des indications plus précises de Troppmann, on découvrit, au pied d'un arbre, dans l'endroit le plus désert du pays, le corps du malheureux père complétement méconnaissable à cause de la décomposition totale d'abord et du travail des corbeaux qui l'avaient en partie dévoré ; cependant ses vêtements, ses chaussures et jusqu'à un tricot semblable à ceux trouvés aux enfants Kinck, reconnu par les experts pour être de la même laine et tricoté par la malheureuse mère, ne laissèrent aucun doute sur son identité.

C'était bien Jean Kinck, la huitième, ou plutôt la première victime de celui qui, pour un peu d'or, s'est constitué le bourreau volontaire de toute une famille qui l'avait accueilli dans son sein, de toute une famille qui l'avait nourri, choyé. Rien n'a pu arrêter le misérable, ni les cheveux blancs du père, ni la camaraderie de Gustave, ni l'ineffable douceur de madame Kinck. Rien ! Rien ! Au couteau le col blanc, les boucles blondes ou les moustaches grises, au couteau ! au couteau ! Et que t'importe les pleurs, les prières, les plaintes de tes victimes, il te faut de l'or. **Tue**, boucher de viande humaine, et si tu n'as jamais senti l'odeur âcre du sang qui vous monte à la gorge, tu peux t'en repaître. Du sang, il y en a partout, il y en a sur tes mains, sur tes vêtements, il y en a sur l'or que tu as volé, et la nuit, quand tu comptes les heures qui s'envolent et qui te rapprochent de l'expiation suprême, si tu oses regarder ta conscience, n'est-ce pas qu'elle est rouge et dégoutante du sang des victimes de Pantin ?

Le 28 décembre Troppmann à comparu devant la cour d'assises de la Seine, présidée par M. Thévenin, une foule énorme avait assiégé dès six heures du matin les portes du palais de justice, et bien avant dix heures, 600 personnes entassées, attendaient avec une ardente curiosité le moment de l'audience.

Troppmann pâle, mais d'un calme sinistre pendant les trois jours du procès, a toujours soutenu qu'il n'avait pas été seul pour exécuter les crimes qu'on lui reprochait, mais qu'il ne pouvait faire connaître ses complices. Cette thèse était insoutenable devant les témoignages écrasants et les preuves nombreuses qui l'accablaient; aussi, malgré l'habileté de son défenseur Mᵉ Lachaud, Troppmann a été dans l'audience du 20 décembre a 9 h. 20 m. du soir, condamné à *la peine de mort.*

Cette sentence a été exécutée le 19 janvier 1870.

LA SEULE VÉRITABLE

ET COMPLÈTE

COMPLAINTE

DE

TROPPMANN

CONTENANT

Le récit fidèle et authentique de l'horrible.

ASSASSINAT DE PANTIN

Mis en vers français

PAR

HIPP. CHATELIN et JULES CHOUX.

AIR *de Fualdès.*

Ce qu'ici je viens vous dire
Est déjà connu partout ;
Mais, en France, on rit de tout,
Mêm' de ce qui ne fait pas rire,
Je vais donc vous chansonner
Ce qui m'a fait frissonner.

D'abord, — procédons par ordre,
Dans la ville de Roubaix,
Un' famill' vivait en paix,
Quant vint y porter l' désordre
Un intime... un scélérat,
Comme plus loin on le verra.

C'faux ami, chacun l' devine,
Etait le fameux Troppmann,
Nom qui rime avec Poulmann,
Il s'occupait de machine...
Le fait est qu' son action
Est c'lui d'un' machine *à scion*. (1)

Or, le cœur rempli d'astuces,
Au père Kinck il dit un jour :
Il faut quitter ce séjour,
A Roubaix l'on a trop d' puces;
Mais si vous v'nez avec moi,
Nous f'rons fortune, ma foi.

L' pèr' Kinck, d'une voix railleuse,
Dit : Qu' f'rons-nous, où nous irons?
Troppmann répond nous ferons
J'suis sûr, plus d'un' mitrailleuse,
Et dessus nous gagnerons
Des écus par quarterons.

La mèr' qu' ouvrait ses oreilles,
A son homm' dit tout à coup :
Jean! c'est un monteur de coup
Qui promet monts et merveilles,
Crois-moi, restons à Roubaix,
Dussions-nous vivre au rabais.

Jean Kinck ne veut rien entendre.
L'autr' l'avait ensorcelé,
Si bien qu'il s'est en allé
Pour en Alsace se rendre.
Troppmann s'en fût avec lui...
(Il s'en r'pend bien aujourd'hui !)

(1) *Scion* en argot signifie couteau.

Kinck n'envoyant pas d'nouvelle,
Sa femm' prenait des ch'veux gris.
Va voir, dit-elle à son fils,
S'il ne perd pas la cervelle.
J'veux savoir c'qu'il fait là-bas
Et pourquoi qu'il n'revient pas.

Gustave, écoutant sa mère,
Prend sa canne et son chapeau ;
Partons, dit-il, au plus tôt
Pour aller r'trouver le père.
Quand près de lui je serai
J'promets que j'vous écrirai.

Un matin, devant la porte
V'là que l'facteur s'arrêta.
— Madam' Kinck, dit-il, voilà
Quelque chos' que j'vous apporte :
Un' lettre d'Paris pour vous,
Ça n'peut êtr' que d'votre époux.

« *Ma femme, ma chère épouse,*
(Ecrivait le père Kinck).
« *Viens me r'joindre avec les cinq*
« *Enfants et n'sois pas jalouse…*
« *Apporte beaucoup d'argent,*
« *J'en ai besoin dans c'moment.*

« *J'suis à Paris, d'où, je pense*
« *Partir pour un autre endroit ;*
« *Prends le chemin d'fer tout droit,*
« *Gustave est parti d'avance…*
« *L'ami Troppmann l'a r'conduit*
« *Et pas plus tard qu'aujourd'hui.*

« *J'suis forcé d'te faire écrire,*
« *Vu qu'je m'suis blessé la main ;*
« *Mais, c'est peu d'chose, et demain*
« *J'pens' que ça n'ira pas pire.*
« *Troppmann te souhait' le bonjour*
« *Et moi j't'embrasse à mon tour.* »

« *Signé* KINCK. » — V'là c'te pauvr' femme
Qui s'met à fair' ses paquets,
Faut qu'mes p'tits soient bien coquets
Se dit-ell' la joie en l'âme,
Mais cependant on prétend
Qu'elle eût un pressentiment.

Elle fut ouïr la messe
Avec ses enfants chéris,
Et puis après, pour Paris
De partir elle s'empresse.
C'est à six heures du soir
Qu'ils arrivèr'nt pleins d'espoir.

Au lieu marqué par la lettre,
On se dirige, et voilà
Que l' mari n'étant pas là,
Il fallut bien se soumettre.
La mère, sur les boul'vards,
Alla prom'ner ses môutards.

Enfin, vers la dernière heure
Ils revinrent à l'hôtel ;
Troppmann — ce grand criminel.
Etait devant la demeure.
— Mam'Kinck, vot'homm' n'est pas là,
Allons le r'trouver par là.

C'te pauvr'femm' sans dir' grand' chose,
L'eût suivi jusqu'en enfer ;
Il les mène au *Chemin-Vert*
Où l'on n'voit pas tout rose :
Les agents d'l'autorité
L'ayant très peu fréquenté.

C'est là qu's'accomplit le crime.
Horreur et malédiction !
Infâme machination !!!
A la sixième victime
Le gueux dit : N'faut pas blaguer
Ça commence à m'fatiguer.

Dans un trou creusé d'avance,
Il les enterr' tous les six,
La mèr', la fille et les fils...
(On frémit quand on y pense.)
Pourtant cet affreux forfait
N'est pas tout ce qu'il a fait.

Car la veille ou l'avant-veille
Il avait, au même endroit,
Conduit Gustave tout droit
En lui promettant merveille.
Ce fut là son premier coup,
Car il lui coupa le cou.

Ivre de sang, de carnage,
Troppmann rentre à son logis ;
Il change vite d'habits
Et puis sans bruit déménage.
Pour le Havre il part bientôt
Attendre le paquebot.

Il voulait, en Amérique,
Fuir sans honte et sans remords
Mais voyez quel coup du sort!
La chose est vraiment unique :
(La justice du bon Dieu
Suit le méchant en tout lieu.)

Il entre dans une auberge.
— Holà! servez-moi du vin!
Il n'appelle pas en vain,
On le sert, il se goberge;
Bref, tranchant du grand seigneur,
Il demande du meilleur.

Voilà qu'en l'hôtellerie,
Un gendarme entre soudain,
Et s'approchant du gredin :
— Vos papiers, je vous en prie.
Or, celui-ci, tout honteux,
De Jean Kinck présente ceux.

Le gendarme, — chose sûre, —
Lisant le signalement,
Dit : Ce misérable ment,
Ce passe-port me l'assure,
Kinck a près de cinquante ans,
Celui-ci n'a qu'vingt printemps.

Alors, chez le commissaire,
Le scélérat est conduit.
Troppmann se dit aujourd'hui,
Je fais une triste affaire :
J' donn'rais bien encore un franc,
Pour m' débarrasser de c' grand...

Gendarme qui m'accompagne :
— Dit's-donc, mon vieux, s'il vous plaît,
L'omnibus n'est pas complet.
J'irais bien à la campagne.
Et disant c'la, l'assassin,
Se jette dans le bassin.

Un calfat plein de courage,
De Troppmann fut le sauv'teur ;
Je lui vote de bon cœur,
Un' médaill' de sauvetage,
Et je lui promets la croix
S'il le *sauv'te* un' seconde' fois.

V'là mon gaillard sur la rive,
La foul' s'amassant autour ;
Puis, faisant un long détour,
Monsieur l' commissaire arrive...
On le conduit en prison (1),
Désormais *sa seul' maison*.

Le lend'main, par grand' vitesse
Sur Paris, on l' dirigea ;
Faut voir quand il arrive... ah !
Comme partout on s'empresse.
Chacun veut voir le coquin,
L'assassin des pauvres Kinck.

Puis, flanqué de la police,
On le conduit à Mazas,
Peu fallut qu'on l'écrasât
Pour abréger son supplice
Mais on sut le protéger
Et le sauver du danger.

(1) Pas le commissaire, — Troppmann

Bientôt, avec ses victimes,
On voulut le confronter ;
Il lui fallut affronter
Le spectacle de ses crimes.
Et pourtant sans s'émouvoir,
Il put les apercevoir.

Troppmann, à la triste fête
Assiste indifféremment,
Il les regarde un moment,
Sans même ôter sa casquette ;
Pour un brigand achevé,
On l'trouve assez mal él'vé.

— Connaissez-vous chaqu' personne ?
Dit le juge d'instruction
Lui, répond sans émotion :
(Le bon Dieu le lui pardonne),
— Parbleu ! si je les r'connais,
C'est comm' si j' les avais *faits !*

Ça, c'est madam' Kink la mère,
Ça, Emile, ça Henri Kinck ;
Bref, il les nomme' tous les cinq,
Du premier à la dernière.
Quant au pauv' petit *fœtu*
Il ne l'a jamais tant vu.

Mais, c'est bien une autre affaire,
Voilà qu'on ramène un corps ;
C'est Gustav', dit-il encor
Bien sûr *buté* par son père.
S'il pouvait parler, je croi
Qu'il dirait tout comme moi.

On n'écout' pas son mensonge
On le r'conduit en prison,
Et sous clef, comm' de raison
A son crime, il faut qu'il songe...
Mais la justic' qui n' dort pas
Cherche le père, tout-bas.

C'est une bien triste affaire,
Et l'on n' sait pas encor tout :
Le père est on ne sait où.
Les enfants n'ont plus de mère ?
La femm' n'a plus de mari.
Et Troppmann est ahuri,..

Ahuri... mais pas en Suisse ;
Le malheureux, à Mazas,
Dans son jeu n'a plus qu'un as,
Kinck père, qu'il dit son complice,
On saura le retrouver
S'il n'a pas pu *se sauver*.

Est-il encore de ce monde ?
Le fait n'est pas avéré;
Est-il mort et enterré
Dans la terre ou dessous l'onde?...
C'est ce que l'on veut savoir.
Mais vouloir n'est pas pouvoir.

En vain on fouille la terre.
De Pantin jusqu'à Tourcoing,
Sans en omettre un seul coin.
Afin de r'trouver ce père,
On laboure tout partout,
Mais on n'trouve rien du tout.

Depuis c' temps, quoi qu'on puiss' dire,
Troppmann se tait et ne dit mot,
Nomm' tes complic's au plus tôt,
Lui dit son père en délire,
J' promets d'adoucir ton sort,
Jusqu'à l'heure de la mort.

Le gredin, d'un air farouche,
Répond qu'il n'avouera pas.
En vain l' pèr' pouss' des hélas !
Il lui dit : fermez vot' bouche,
Vous commencez joliment
A m' bassiner crânement.

Puis, avalant la pilule,
Il se dit, mentalement :
Pour changer de logement
Il faut quitter ma cellule...
Puisqu'il faut faire un' fin,
J' vas m' laisser mourir de faim.

Mais l' pain blanc, la viand' rôtie,
Et le cinquième de vin,
Qu'on lui sert soir et matin,
Le rattachent à la vie :
Bien qu'il ne soit pas gourmand,
On lui donne un supplément.

Notre plume se refuse,
Devant ce cynisme honteux ;
Des pleurs coulent de nos yeux,
Nous voyons s'enfuir la muse ;
Pourtant il nous faut finir
Par un dernier souvenir.

A chacun s'lon son mérite :
Le calfat s'ra médaillé ;
Et chacun, apitoyé,
Aux corps jett'ra d' l'eau bénite ;
Quant au gendarme Ferrand,
Il s'ra maréchal... *ferrant*,

Pour le vrai coupable on d'vine,
Le triste sort qui l'attend,
Quand on pens' que l' mécréant,
Brave la justic' divine.
Gaillard tu n' l'échapp'ras pas,
Pas plus là-haut qu'ici-bas.

En attendant, la police,
Ne s'endort pas tous les jours ;
Partout l'on cherche toujours,
Pour seconder la Justice.
Espérons qu'on trouvera
Les complic's, s'il y en a.

IMMORALITÉ

Donnée par une Biche de la Plaine des Vertus.

Sur ce triste champ de crimes,
Par les badauds occupé,
Des cocottes, en coupé,
Vont pour chercher des victimes,
Disant : Vaut mieux se r'quinquer,
Que de se faire KINCKER.

1er POST-SCRIPTUM

Dépêche télégraphique :
« L' corps de Jean Kinck r'trouvé. »
Si le fait est bien prouvé.
C'est qu' la chose est véridique.
Nous allons connaître enfin,
De cette histoire la fin.

Soultz 12 octobre 1869.

2ᵉ POST-SCRIPTUM

On nous trouble la cervelle,
Avec ces morts, ces *re*-morts ;
Hier, c'était un nouveau corps,
Aujourd'hui, c'est *fauss'* nouvelle !
Mettons qu' nous avons rêvé
Jean Kinck n'est pas retrouvé.

DERNIÈRES NOUVELLES

Près d' Belfort, et loin du Havre,
D'un trou dans une forêt,
On a r'tiré *pour de vrai*
De Kinck pèr' le *vrai* cadavre.
Qu'il nous soit ou non rendu,
C'est toujours un homm' perdu !

AUTRE VERSION

Vingt-six novembre, on assure,
Qu' Jean Kinck est *re*-retrouvé ;
Cett' fois, c' n'est pas controuvé,
On a r'connu sa chaussure.
Enfin, tout est terminé.
Gloria, tibi, Domine ! ! !

L'EXÉCUTION

19 JANVIER 1870.

Troppmann a payé sa dette.
Sa tête sur l'échafaud,
A roulé : — malgré *Lachaud*
La justice est satisfaite !
L'exemple nous est donné :
N'imitons pas c'forcené.

FIN

Clichy. — Imp. M. Loignon, P. Dupont et Cie., ru   u
Bec-d'Asnières, 12.

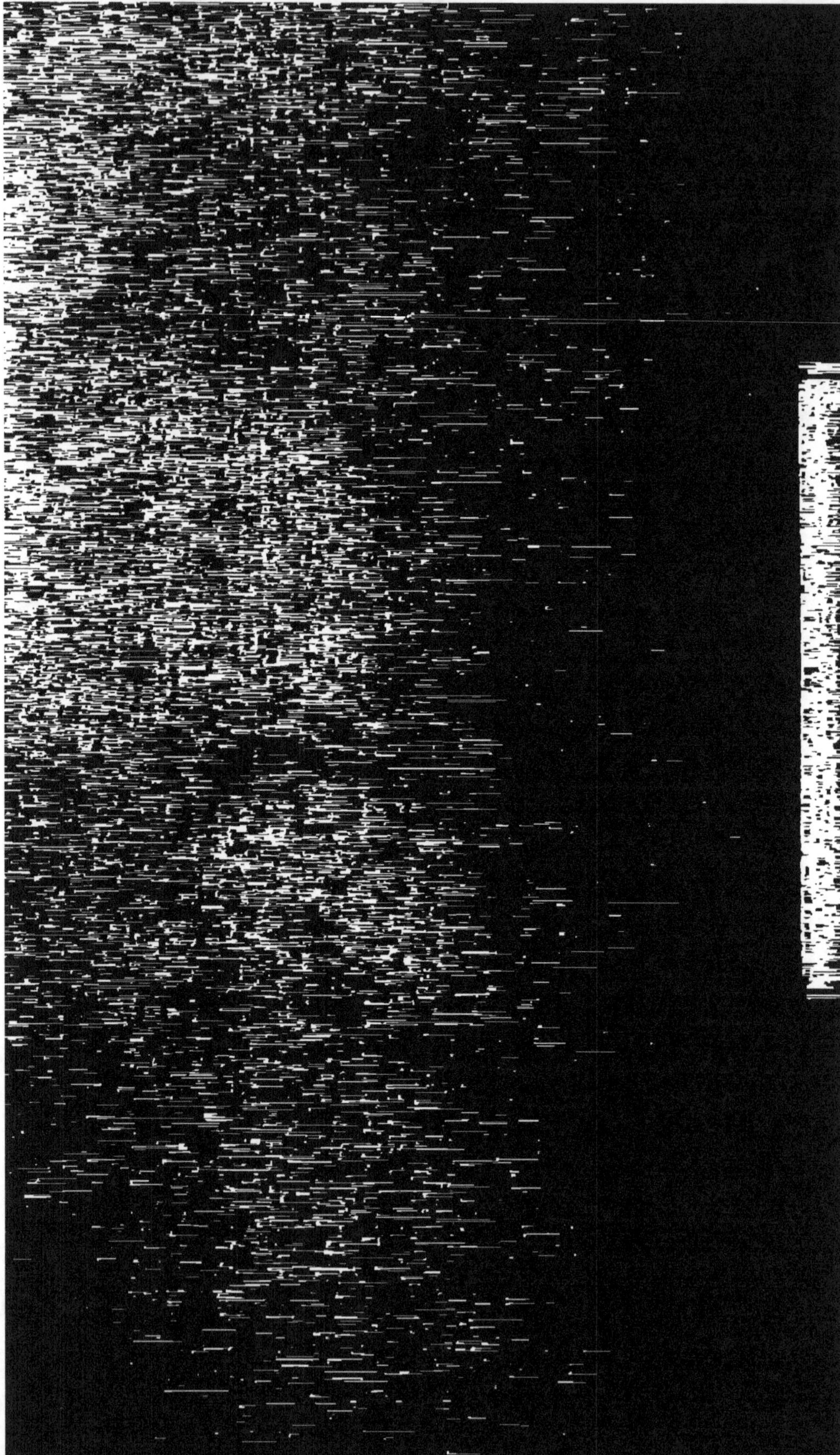